Franz Hessel · Marlene Dietrich

Franz Hessel

Marlene Dietrich

Ein Porträt

Mit vielen
zeitgenössischen
Bildern und
einem Nachwort
von
Manfred Flügge

Verlag Das Arsenal

Alle Rechte vorbehalten. © by Das Arsenal, Berlin 1992

ISBN 3-921810-84-1

Engel sollen nicht sterben!

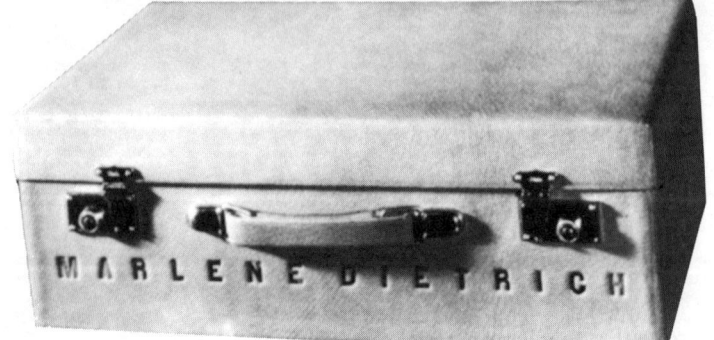

Ein Porträt der Künstlerin als junge Frau

1

Eine junge Deutsche, ein Berliner Kind, ist der Film-Stern von Hollywood und New York geworden. Flugzeuge mit ihrem Namen in Riesenlettern überfliegen die Köpfe in U.S.A. In Schlagzeilen und langen Spalten verkünden die amerikanischen Zeitungen, was irgend von den Triumphen dieser Frau zu berichten, was von ihrem Privatleben, ihren Meinungen und Erlebnissen zu erfragen ist. In Paris wird der Film, der in Europa ihren Ruhm begründet hat – in Amerika begründete ihn *Marokko* – mit deutschem Text vorgeführt. Und die Franzosen, die sonst ausländischem Künstlertum gegenüber bei aller Anerkennung eine gewisse ihnen natürliche Zurückhaltung bewahren und an seinen Leistungen gern betonen, was speziell und fremdartig ist und sie vom Französischen unterscheidet, bewundern und preisen an dieser Frau die Frau schlechthin, das Weib, das in zeitgenössischer Form sein Urwesen offenbart.

Diesem plötzlichen, in seiner Art einzigen Ruhm in der weiten Welt entspricht die heimische Wirkung: In der kleinsten deutschen Provinzstadt spielen die Grammophone immer wieder das Lied von der, die »von Kopf bis Fuß auf Liebe eingestellt« ist, und sowohl sittsame wie leichtfertige Frauen finden in Wort und Klang dieses Liedes ihr eigentliches Wesen wieder.

Bei andern Stars des Theaters, Films oder Kabaretts läßt sich meist leicht ein besonderer Charakterzug ihrer Schönheit und Kunst hervorheben, und sie sind oft gerade mit dem Besten, was sie geben, »nicht jedermanns Geschmack«. Es ist schwer und bedenklich, bei Marlene Dietrich das einzelne zu betonen. Und sie ist in großartiger Weise Gemeingut geworden. Ich habe die Gesichter ihrer Zuschauer und Zuhörer am Kurfürstendamm und in einem »Flohkino« der Vorstadt Tegel beobachtet und in den Mienen der verschiedensten Menschen und Berufsarten dasselbe Entzücken entdeckt. Die Wirkung der Künstlerin gemahnt an die der Zauberpuppe des persischen Märchens, an der Zimmerer, Schneider, Maler, Brahmane und noch etliche Handwerksmeister geschaffen haben; sie streiten sich um ihren Besitz, sie kommen vor den Kadi, und der will in ihr seine verlorene Gattin wiederfinden. Marlene Dietrich, ob sie nun eine Dame oder eine Dirne, eine Eroberin oder ein Opfer darstellt, verkörpert immer einen allgemeinen Wunschtraum, sie ist wie die Heldin einer ihrer Filme die Frau, nach der man sich sehnt, man, nicht der und jener, sondern jeder, das Volk, die Welt, die Zeit.

Wie es auch den Wesen, die sie verkörpert, ergehen mag – und manche von ihnen müssen ihr frevelhaft lebendiges Dasein mit dem Tode büßen –, sie sind zunächst nicht gerade mitleiderregend. Wir alle, die Zuschauer, sind mit ihren Liebhabern ihre Opfer. Sie werden Objekte des allgemeinen Begehrens. Man denkt nicht sehr daran, wie ihnen selbst zumute ist. Dafür ist ihre Wirkung zu stark.

Man hat nicht das Bedürfnis, sich in sie zu versetzen, man ist von ihr besessen. Solch eine Frau wäre also ein »Vamp«? Ach nein. Der Vamp, aus dem Vampyr alter Sage ein spezifisch angelsächsischer Begriff geworden, bedeutet Frauen, die gewissermaßen aus Geschlechtsberuf und -bedürfnis den Männern das Lebensblut aussaugen. Dies Blut ist ihnen nötige Nahrung wie jenen altertümlichen Gespenstern, und es ist anzunehmen, daß die so mörderisch Bezeichneten wissen, was sie tun.

Bei den gefährlichen Frauen, wie sie Marlene Dietrich verkörpert, hat man nicht das Gefühl, daß sie es so böse meinen. Den bartsträubenden Kopf des Schulprofessors nimmt sie als muntere Lola aus dem Blauen Engel in mütterlich gütige Hände, tätschelt dem zärtlich Ergriffenen die Backe wie einem Kind, schaut mit bräutlichem Lächeln zu ihrem armen Opfer auf, als er die höchst Unwürdige zu seiner Ehefrau macht, und lächelt ihm seinen Traum vom reinen Glück zu. Am Morgen nach der ersten entscheidenden Nacht hat sie ihm den Kaffee eingeschenkt wie ein braves Hausmütterchen und ist ihm zuliebe ganz bürgerlich geworden. Und daß er dann langsam an ihr zugrunde geht, scheint ihr gar nicht angenehm zu sein, sie versucht allerlei, ihn zu ihrer Art Leben zu erziehn, aber schließlich läßt sich zu ihrem Schrecken die Kastastrophe nicht vermeiden. Für jeden hat die Gutmütige das Gesicht, das er braucht, für den Direktor und Zauberkünstler das kühl vertrauliche Kollegengesicht, für den anstürmenden Kapitän genau das, wonach er sich während der Seefahrt gesehnt hat, für den munter auftauchenden »Mazeppa« mit seinem banalen Schick die zwinkernde Miene: Na wie wär's wieder mal?

Sie ist kein bißchen dämonisch bemüht, alles geht wie von selber. Sie hat eine geradezu unschuldige Art zu verführen. Mag die Situation noch so bedenklich, mag ihr Kostüm noch so frech und herausfordernd sein, sie breitet über Kleid und Welt ihr holdes Lächeln. Darin ist nichts, was erobern oder erobert werden will. Es ist sanftmütig erregend und stillend zugleich. Es gilt nicht nur dem, den es trifft, so gut es auch für ihn paßt, es geht durch ihn hindurch, an ihm vorbei in die ganze Welt. Mit diesem Lächeln hat Marlene Dietrich Europa und Amerika erobert. Es ist in einem göttlicher und gemeiner als das all ihrer Rivalinnen. Das Lächeln der Greta Garbo ist von gebrechlicher Zartheit, schmerzliches Mitleid erregt es, auch wenn die Trägerin glücklich zu sein scheint, es ist christlich, engelhaft; das Lächeln der Elisabeth Bergner ist jungfräulich einsam, das der Asta Nielsen tragisch verhängnisvoll. Marlene Dietrich kann lächeln wie ein Idol, wie die archaischen Griechengötter und dabei harmlos aussehn. Man kann ihrem Lächeln gar keinen Vorwurf machen. Es ist »nicht bös' gemeint«. Und kann doch ein

ansaugendes Astarte-Lächeln sein, ein Ausdruck jener *Venus vulgivaga**, die – im Nebenberuf – Todesgöttin war.
Es kann banal sein, grandios banal wie die Worte der Lieder, welche die fesche Lola singt. Diese Worte und ihre Melodien sind die Erfindung eines Mannes, der die Ausdrucksmöglichkeiten unserer großen Berlinerin genial erfaßt hat, Friedrich Hollaender. Den berühmt gewordenen Refrain

Ich bin von Kopf bis Fuß auf Liebe eingestellt,
denn das ist meine Welt
und sonst gar nichts!
Das ist – was soll ich machen? – meine Natur.
Ich kann halt lieben nur
und sonst gar nichts

singt sie mit einer Gelassenheit, einer selbstverständlichen Nacktheit, die viel einfacher, eindeutiger und stärker ist als aller absichtliche »Sex-appeal«. Hier bemüht sich das Geschlecht nicht anzulocken, es ist unbefangen dargeboten, vorhanden.
H. Stuckenschmidt sagt in seiner Studie *So wird heute gesungen* von Marlene Dietrich, sie trage ihre Couplets mit »ernster Unverschämtheit« vor und vollziehe die Abkehr von jedem überlieferten Kabarettstil. »Der Unterton, der hier entscheidet, ist auf eine erschütternde Art neu und für die Gegenwart bezeichnend. Vor ihm versagen alle ästhetischen und moralischen Maßstäbe. Der Begriff des *Schönen* ist abgeschafft, verdrängt durch die fraglos kultische Betonung und Verherrlichung des Sexus.« Das klingt etwas unerbittlich pathetisch, trifft aber wohl den Grund der großen Popularität, deren sich Marlene Dietrichs Stimme erfreut.
Um noch ein wenig die andern zu zitieren: Max Brod hat in seiner *Liebe im Film* von ihr gesagt, sie wisse genau, daß ihre Sanftmut erst dann so richtig Männer und Frauen bezaubere, »wenn auch die Stimme aus tieferen Regionen zu kommen

---

* Die unstete, schweifende Liebesgöttin

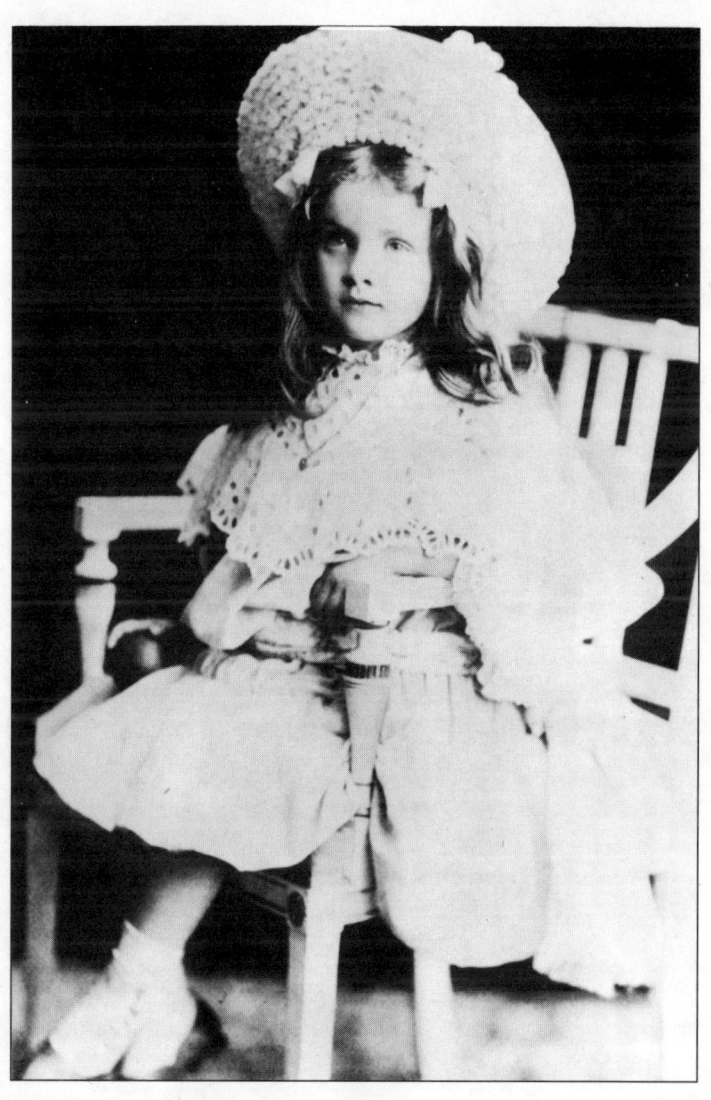

Marlene 1906

Marlene Dietrich 1922

scheint, als es Stimmband oder Mund sind«. Und über ihre sichere und dabei sparsame Art, das Erotische anzudeuten, sagt er: »Wenn sie im Reitsitz auf dem Sessel sitzt, so ist das ein aufreizenderer, wilderer Aufruf der Sinne als die deutlichste Intimität ... Wenn sie ganz leise, nur andeutend, den Schenkel hebt, dann vertritt diese einzige Bewegung eine ganze Orgie.« Aber, muß ich hinzufügen, man hat den Eindruck, als ob sie – oder die, die sie darstellt – das eigentlich gar nicht merke oder wolle. Und wie sich ihre Schönheit unbefangen solcher Bewegungen bedient, in sie eingekleidet ist wie in die Tingeltangelfetzen ihrer entblößenden Tracht, so bedient sich ihre Stimme gewisser fast heiser versoffen klingender Töne. Und wenn sie singt »Männer umschwirr'n mich wie Motten das Licht«, dann kommt das *Mot-tään* mit einem langgezogenen Kehllaut heraus wie bei sanft gröhlenden Dienstmädchen oder wie bei den Sängerinnen, die in alter Zeit in den Nixengrotten-Etablissements der Berliner Friedrichstadt in ausgeschnittenen Flittern mit rosa oder hellblauen Schleifen im Haar, an ihren Achselbändern rückend, *Mut-täär, der Mann, der Mann, der Mann* oder *Ich laß mich nicht verfüh-rään* vortrugen.

Von diesen Wesen, diesen armseligen rührenden Geschöpfen führt ein wunderlicher Weg, eine kuriose Tradition bis zu unserm großen Star. Marlene Dietrich hat damit etwas Berlinischem Weltgeltung gegeben. Bei ihr klingt auch das heimische Patois, allerdings nur leise angedeutet, mit an. Es wird nicht unterstrichen, nicht Thema wie in dem Vortrag der in ihrer Art genialen Claire Waldoff, dessen Reize einem Nicht-Berliner oder gar Ausländer nur zum Teil zugänglich sind. Durch Marlene Dietrich bekommt auch dies Spezielle seine allgemeine Wirkung. Die Pariser und New Yorker verstehn, was sie berlinisch singt.

2

Wo der Berliner Westen Wilmersdorf und Westend wird, ist sie aufgewachsen, als Offizierskind frühzeitig an umsiedelnden Garnisonswechsel gewöhnt, aber immer wieder zu Hause in der Stadt der nüchtern hellen Tagesfarben und langen Dämmerungen, der zarten Wintermorgenröten und langen Sommerabende, die keiner vergißt, der in Berlin Kind war. Als preußisches Kriegerkind ist sie an Disziplin gewöhnt, zu straffender Energie erzogen.

Das ist ihrem Kunstberuf zugute gekommen. Wenn's drauf ankommt, vermag diese zarte Frau, die so wunderbar träge dreinschauen kann, alles auszuhalten. Bei den langen entnervenden Filmproben ist sie unermüdlich. Vom Kinderfleiß ist ihr aber auch das putzig Emsige, das Verspielte geblieben. Wenn sie sich im *Blauen Engel* als Chansonette in der bretternen Garderobe am derben Toilettentisch, auf dem die Biergläser der hoffnungsvollen Gymnasiasten herumstehn, vor drei kleinen Handspiegeln zurechtmacht, Puderperücke und Dreispitz aufprobiert oder das Kleidchen überzieht, dessen Reifrock vorn so rührend lasterhaft hochgeschlagen ist, wenn sie sich brav die erforderlichen Laszivitäten zurechtrückt oder anmalt, dann wird dies sündhafte Unternehmen ein munterer Betrieb, ein niedliches Spiel, dessen Reizen wir erliegen wie der puderbespritzte Professor, der ihr hingerissen zuschaut und aus einem lüsternen Pedanten ein kleiner Junge wird, der mitspielen möchte. Die schmale Wendeltreppe, die sie hinaufschlüpft und hinunterhüpft, wird ein Turnvergnügen, die ganze Bretterbude Puppentheater. In dieser Atmosphäre gleitet sich's sanft mit ihrem Opfer ins Verderben, ganz gelinde in die grausige Lächerlichkeit.

Nichts kann auflösender, destruktiver, dämonischer wirken als ihr Verzicht auf alles Dämonische, als die Kinderstubenverwirrung und Kinderstubenordnung des Daseins, das sie vorgaukelt. Solchen Zauber konnte nur eine Frau mit viel geretteter Kindheit üben.

Die kleine Marlene scheint mehr verträumt als kokett gewesen zu sein. Nie war sie das Theaterkind mit der frühen Sehnsucht nach Rampenlicht und Ruhm, das vor dem Spiegel steht und Mienen probiert. Vielleicht kümmerte sie sich gar nicht viel um das kleine Mädchen, das sie aus dem Spiegel ansah. Und auf manchen Filmphotos, auf denen jetzt die Erwachsene in den Spiegel sieht, kann sie höchst unbeteiligt aussehn, an sich vorbeisehn wie so oft an ihren Partnern, die nur selten ihr voller Blick trifft. Meist sieht sie durch sie hindurch. Wohin?
Die Wunschwelt der schnellen Erfüllungen, das Theater, spielt also noch keine besondre Rolle in dieser Kindheit. Aber dann sieht sie im Kino Henny Porten und bekommt eine Begeisterung, wie Backfische sie im allgemeinen eher für männliche Filmstars empfinden. Sie lauert der Verehrten auf, wartet stundenlang vor dem Hause, aus dem die Ersehnte wirklich und leibhaftig kommen wird. Und dabei lernt sie vielleicht schon, ohne es zu ahnen, viel an und von dieser Künstlerin, die, wie man auch sonst über sie urteilen mag, einer weitverbreiteten Sehnsucht entsprach und für das kleinbürgerliche Deutschland war, was später ihre junge Verehrerin für die Welt werden sollte: die Erfüllung eines Wunschtraums, ein »Ideal«.
Darüber ist die Schulzeit vergangen, und die musikalische Begabung des Mädchens und eine leidenschaftliche Liebe zur Tonkunst verlangen Ausbildung. Die Eltern schicken sie nach Weimar, wo sie Klavier- und Violinkurse besucht. Eine stille Zeit, in der sie für sich Dichterverse liest und lernt und spricht, eine Zeit, in der sich manches vorbereiten mag, was bei dieser Wandlungsfähigen auch heute noch in zukünftiger Ferne liegt. Eine Sehnenentzündung, hervorgerufen durch allzu rastloses Üben, verletzt ihr Handgelenk, sie kommt nach Berlin zurück, muß für einige Zeit das Studium aufgeben. Jetzt beginnt ihr Interesse für das Theater. Sie tritt in die Reinhardtsche Schauspielschule ein. Bei einer Bühnenprüfung will sie die Worte des Mädchens aus Hofmannsthals *Tor und Tod* aufsagen. Man will

aber lieber das prüfungsübliche Gebet Gretchens hören. Dazu soll sie hinknien, was ihr nicht sympathisch ist. Man vermißt in ihrem Vortrag Betonung und Gebärde. Und damit beginnt eine Reihe von Zurückweisungen, vergeblichen Versuchen, halben Erfolgen. Man findet sie hübsch und nicht besonders talentiert. Manchmal leuchtet einem einzelnen auf, was für Möglichkeiten in ihr liegen, sie wird hin und wieder »entdeckt« und bekommt kleine Rollen in Stücken, die aufzuzählen nicht lohnt, denn Marlene Dietrich wird sie überleben.

Sie heiratet und bekommt ein Töchterchen, dem sie zwei volle Jahre fast ausschließlich widmet. Dann debütiert sie beim Lichtspiel. Sie hat »hübsche« Erfolge. Wir lernen ihre Erscheinung kennen, es prägt sich uns das Gesicht ein mit dem breiten Raum zwischen den Augenbrauen und dem schmalen zwischen Nase und Oberlippe.

Sie wird aufgefordert, in der Kammerrevue *Es liegt in der Luft* von Marzellus Schiffer und Mischa Spoliansky mitzuspielen. Während der Proben wird ihre ruhevolle Sicherheit, ihre Chanson-Begabung immer deutlicher. Es werden ihr zuliebe Änderungen vorgenommen, sie bekommt neue Couplets zugeteilt. Dann hat sie, besonders im Zusammenspiel mit Margo Lion und in ausgleichendem Gegensatz zu den harten, provokanten, geistigen Reizen dieser Künstlerin mit dem Duett von der *Besten Freundin* den ersten fühlbar großen Erfolg ihrer sanft gefährlichen Weiblichkeit. Der Berliner Westen und seine Gäste beginnen sie zu verehren.

Einer der letzten stummen Filme, den die Terra herausbrachte, schlägt das Thema an, das – bisher (denn wer weiß, was uns von Marlene Dietrich noch bevorsteht?) – der Eigenart dieser Einzigen am meisten

Mit Otto Wallburg in Shaws *Eltern und Kinder*, BZ-Zeichnung 1928

Photo Irving Chidnoff, New York 1930

entspricht. Schon der Titel sagt es: *Die Frau, nach der man sich sehnt.* Da ist sie hinter Rauchdunst und Waggonfenster die Reiseerscheinung, die ins Unbestimmte schaut und deren Blick uns mit einmal trifft wie ein Ruf, wie das Schicksal, Leben ändernd, schaffend und zerstörend, das Wesen, zu dem es keine minniglichen, Geist nutzenden Umwege gibt, sondern nur den einen geraden und gefährlichen Weg der Liebe, die Leben um Leben wagt.

Der Mann, der sie liebt und dessen geordnetes Geschick sie unterbricht, um sein neues zu werden, erfährt nie, ob ihre Abenteuer- und Lustbereitschaft Hingabe ist oder Überlassung. Sie behandelt ihn getreu ihrer Frauenpflicht, wie Weininger sie definiert hat: den Mann an die Wirklichkeit zu kuppeln. Sie scheint zu staunen über das, was sie anrichtet. Unvergeßlich ist das Runzeln ihrer sonst so glatten Stirn, wenn sie erschrocken neben dem Verwundeten kniet, unvergeßlich die rasche sprungartige Bewegung, mit der sie über den Liegenden hinwegsetzt wie über ein Verkehrshindernis. Oft sieht sie ganz unbeteiligt aus, als ginge alles, was rings um sie und um ihretwillen geschieht, sie gar nichts an: es geschieht ihr nicht, es passiert ihr nur. Und zuletzt hält sie dem tödlich auf sie gerichteten Geschoß still, als wäre auch ihr eignes Sterben nur ein mitgemachtes Ereignis. Sie taucht in den Tod unter wie die Nixe heimkehrt in ihr Gewässer.

In dieser Rolle und wohl überhaupt in dieser Zeit trägt Marlene Dietrich ihre klare, schön gewölbte Stirn noch nicht frei. Fallendes hüllendes Haar betont ein dumpfes Dasein. In ihren langsamen Bewegungen ist träg lauernde Raubtierruhe. Aber das Milieu, in dem sie sich bewegt –

Die Frau, von der man sprach und träumte. Noch vor dem »Blauen Engel« war sie das Titelbild der »Berliner Illustrirten Zeitung«

Schlafwagen, Hotelzimmer, Halle und Bar – hat etwas beschränkend Mondänes, eine Art Reiseeleganz, eine Atmosphäre, in der sie die romanhafte Abenteurerin, die Salondame mit dem kalten Blick bleiben muß, sie kann noch nicht ganz ihre elementare, unschuldige Gefährlichkeit entfalten.

Und dann bekommt sie plötzlich unerwartet ihre große Rolle und hat den ungeahnten, seither immer wachsenden Erfolg. Josef von Sternberg, der geniale Regisseur, der ihre Begabung bereits erkannte, als er die noch wenig Beachtete in einem unbedeutenden Stück ihre Rolle zurückhaltend, bescheiden spielen sah, wählt sie unter allen für den ersten wichtigen deutschen Tonfilm, den *Blauen Engel*, zur Gegenspielerin von Jannings.
Dieser Film wurde angezeigt »Emil Jannings in Der Blaue Engel mit Marlene Dietrich«. Und rein quantitativ nimmt die Gestalt des Professors Unrat, die Jannings in seiner Art ausgezeichnet verkörpert, den meisten Raum in diesem Werk ein. Und doch ist es ein Marlene-Dietrich-Film geworden und geblieben. Seinen Weltruhm hat sie gemacht, sie mit Sternberg, der ihre Ausdrucksmöglichkeiten als erster ganz begriffen hat. Er hat diesem Meisterwerk der Kollaboration (der prachtvolle Jugendroman von Heinrich Mann, das Manuskript unter Mitwirkung des Dichters von Vollmöller und Zuckmayer geschrieben, die Musik und

Zweite v. links: Margo Lion; zweite v. rechts: Rosa Valetti. Karikatur 1930

die Liedertexte von Friedrich Hollaender, usw.) Gesicht und Gewand gegeben und insbesondre die Rolle unserer Künstlerin, die Lola Lola, mit einer jahrmarktbunten Zauberwelt gerahmt, in der jede ihrer Bewegungen, jedes ihrer Worte zum deutlichsten Ausdruck, zur unmittelbarsten Wirkung kommt. Derbe Engelputten auf der Balustrade und auf dem gemalten Hintergrund der hafenstädtischen Varietébühne, der schwebende Vogel, halb Möwe, halb blasphemische Geisttaube, der bald neben ihren Schenkeln, bald vor ihrem Schoße flattert, die hochbusige Karyatide neben der Loge, aus welcher der Professor entzückt auf die Singende herabschaut, die Rettungsringe am Geländer und der Fisch darunter, der Anker, der ihr zu Häupten hängt, die Tonne, auf der sie unter ihrem schiefsitzenden Fastnachtzylinder überzwerch ins Publikum schaut und ihm unter hochgeschlagenem Rockschoß Strumpfhalter und nacktes Fleisch preisgibt, der Blick der Valetti als Direktorsgattin und Kollegin auf dies Fleisch, Gerrons pausbäckig grinsendes oder empörtes Zauberkünstler- und Direktorengesicht, die feisten puppigen Chansonetten, die sie im Halbkreis umgeben, der Clown, der stumm aus klaffender Tür seine Nase streckt oder auf der Treppe vorüberhuscht, und immer wieder das Wendelflimmern dieser Treppe um ihre Beine, überall die Plakate mit ihrem komischen Doppelnamen, das enge Gelaß ihrer

Garderobe mit Dosen, Schminktöpfen und lungernden Kleiderfetzen, die billig phantastischen Kostüme, die sie mehr enthüllen als bekleiden, abgespreizte Reifröcke, zu kurze Flimmerschöße, hosenmatzige Dessous, all dies drängt und hängt frech armselig um ihre schamlos und unschuldig preisgegebene Schönheit. Was sie auch anstellen mag, sie wird immer schöner. Das Lasterhafte, das sie mit ganz kleinen Gesten betont, wirkt aufreizend und befriedigend zugleich.

Es ist wie in dem Paradiesgedicht des *Westöstlichen Divans*:

> Mit den Augen fängst du an zu kosten.
> Schon der Anblick sättigt ganz und gar.

Sie ist nicht nur mit ihrem besondern Opfer, sie ist mit der ganzen Welt die *bona meretrix*, die mütterlich gütige Buhlerin, sie gibt sich ohne Ansehn der Person, »jedem hat sie sein Verlangen aufgehoben zu genießen«, sie ist Gottesgeschenk und Teufelsmesse. Und wie Aphrodite aus dem Meeresschaum steigt sie holdselig aus dem Schlamm der Begierden, die zu ihren Füßen stranden, sie lächelt lieb und leer in das Weltall, das an ihr zerbricht, unter ihr zerbröckelt. Und dazu singt sie mit Menschen- und Engelszungen und etwas berlinisch:

> *Ich bin die fesche Lola,*
> *der Liebling der Saison,*
> *Ich hab' ein Pianola,*
> *zuhaus in mei'm Salon.*

Aus *Die Frau, nach der man sich sehnt,* 1929. Terra-Photo

Aus *Dishonered*, 1931. Photo Eugene Robert Richee

3

Bevor noch der *Blaue Engel* gedreht wurde, ehe noch ein endgültiger Vertrag mit Marlene Dietrich zustande kam, verhandelte Sternberg schon für die Paramount mit ihr. Sie ist ihm dann nach Hollywood gefolgt, und dort hat er mit ihr zwei neue Filmwerke geschaffen: *Marokko* und *Dishonored*.

In *Dishonored*, das ich nur aus einigen Photos kenne, verkörpert Marlene Dietrich eine Spionin, die auf dem Schafott endet. Mit ihrem wechselvollen Schicksal wechselt oft ihre Erscheinung und Kleidung. Unter anderm ist sie als russisches Bauernmädchen verkleidet, trägt aufgestecktes Haar, derbe Röcke, Wadenstrümpfe, hat ländlich geschminkte Wangen und einen dumpfen stierenden Magdblick. Sie ist nicht wiederzuerkennen. Das ist eines der vielen Beispiele von der Mannigfaltigkeit ihrer Mienen und Gesten.
Man fühlt sich etwas hilflos vor immer neuen Überraschungen: alles, was man bisher über die Künstlerin gedacht und gesagt hat, wird provisorisch. In einigen Bildern dieser neuen Epoche tritt immer deutlicher ein Zug, ein Ausdruck zutage, der in Kindheitsbildern sich leise andeutete, während der Zeit der jungen Mutterschaft, der Zeit der »Stascha« und »Lola Lola« ganz verschwunden schien und nun wunderbar wiederkehrt, ein Zug, der an die Gesichter der präraffaelitischen Malerei erinnert. Die Modellierung der Backenknochen wird deutlicher, die freie Stirn hebt die Brauen und betont den geheimnisvollen Zwischenraum der Augen, um das Haar breitet sich manchmal eine Aura, ein Märchenschein. Immer reicher wird der Übergang der schlanker, gespannter gewordenen Gestalt von Gelassenheit zu Bewegtheit. Ist das noch die »fesche Lola«?

Den andern Film, *Marokko*, der sie zu dem Star von Amerika gemacht und damit ihren Weltruhm begründet hat, habe ich im Vorführungsraum der Parufamet gesehen und – zögere noch, von ihm zu sprechen. Die erste übersehbare Epoche von Marlene Dietrichs Kunst konnte ich notieren, die erste Epoche ihrer Schönheit, die noch manche Kindheit und Reife durchmachen wird, in andeutenden Umrissen aufzeichnen. Mit ihrer Erscheinung in *Marokko* aber scheint etwas ganz Neues zu beginnen. Es ist, als ob ein starr lächelndes, unwandelbar scheinendes Idol sich belebt. Nun bleibt mit einmal das Auge, das durch Spiegel und Menschen ins Unbekannte sah, auf einem Gesicht gefesselt haften, und Menschenleid zeichnet die Züge neu.

In ihrem Blick und Leib erleben wir, wie zum erstenmal, die Liebe. Nicht den pathetischen oder larmoyanten »Blitzschlag«, nein, den quälenden seligen Übergang von Sinnenneugier und Kampflust zur hingerissenen Verfallenheit. Wir sehen, wie eine Starke, die sich sträubt gegen den Allsieger Eros, schwach wird, sehen die Niederlage der Siegerin. Marlene Dietrich ist in diesem Film eine französische Chansonette, die nach Marokko kommt, wo ein reicher und eleganter Lebemann (Adolphe Menjou) ihr ein leichtes, luxuriöses Leben bietet. Sie aber nach langem Kampf folgt mit demütigen Beduinenweibern dem Regiment der Legionäre, das durch die Sahara zieht, in Armut und Abenteuer. Denn unter den Soldaten marschiert der freche und franke Bursche, der ihr weder Reichtum noch Zartgefühl zu geben hat, der immer aufs neue erobert werden muß (Gary Cooper).

Das neue Meisterwerk Sternbergs umrandet das Kind des Nordens mit grellem Licht, läßt es durch scharfe Schatten gleiten, an südliche Pracht arabischen Mauerwerks und ins steinerne Dunkel fremder Gassen tasten. Der Mann taucht auf, den sie noch nicht erlebt hat,

Friedrich Hollaender als »Löwe des Abends«. Karikatur 1930

der Landsknecht, dem Lieben ein Abenteuer ist wie Töten. Da wird aus der trotzig frivolen Chansonette, die im koketten Frack vor das Publikum tritt und ihrem Zylinder mit einem Fingerstups schiefe Verwegenheit gibt, aus der Verwöhnten, die ein Gelegenheitsabenteuer mit einem Kerl von Soldaten verlockt, das arme Weib, das fortläuft aus hellem Saal, dem Liebsten nachzuspähen und im Elend genug Widerstand zu finden für das brandende Herz.

In ganz leisen Veränderungen ihres Gesichtes spielt sich das Drama dieser Liebe ab. Wunderbar deutlich werden Momente des Zauderns, wie der, als sie, noch Verführerin und schon Verführte, ihr gewohntes Lächeln noch weiter lächelnd, neben ihm steht und vor sich hinschaut. Der Korb mit den Äpfeln, den sie eben noch frech gelassen allen hinhielt, hängt schlaff, wie vergessen an ihrem Arm, die Augen, eben noch etwas gekniffen, werden starr und groß, die Schultern unterdrücken ein Zittern. Noch wählt sie leidend zwischen ihren Möglichkeiten.

Und dann kommen von Szene zu Szene neue Verschleierungen und Offenbarungen ihres Blicks: beobachtender Trotz, Erschrecken vor der eignen Leidenschaft, Angstfreude am Heldischen, hilflose Hingabe. Zuletzt aber sehen wir nicht mehr, brauchen wir nicht mehr ihr Gesicht zu sehen, es liegt alles Schicksal in ihrer abgewandten Gestalt, wenn sie durch den Sandsturm den andern Frauen, die mit ihren Ziegen und Bündeln dem Regiment folgen, nacheilt und, indem sie sie erreicht, eine von ihnen, ihresgleichen wird. Die Schuhe hat sie abgestreift; sie faßt nach dem Strick der Ziege, läuft barfuß mit den andern, ist nur noch ein wehender Fetzen Weib.

4

Diese Zeilen sind geschrieben in der Berliner Ferienzeit der Künstlerin, in der Pause zwischen Hollywood und Hollywood, wohin sie nun bald zurückkehrt. Ich habe sie im Spielzimmer ihres Töchterchens besucht zwischen Puppenstube und Kaufmannsladen, Kinderbett und Puppenwagen. Einen reizenden Filmstreifen habe ich zu sehen bekommen: eine junge Mutter, die ihrem Geschöpfchen, das von der Eisbahn heimkommt, die wollenen Hüllen abstreift und aufknöpft und, wo ein bißchen Haut frei wird, schnell hinküßt.

Da waren viele neue Gesichter zu sehen, die wir noch aus keiner ihrer Rollen kennen. Was wissen wir von dieser Frau? dachte ich. Es ist Schicksal und auch ein wenig Beruf der großen Filmschauspielerinnen, mit ihren Rollen verwechselt zu werden. Das tun wir alle unwillkürlich, und dazu kommt, was die Leute so erzählen, die sie von ihrem Erscheinen in der Gesellschaft flüchtig kennen. Was darf, was kann sie selbst sagen? Ich habe in dem chiromantischen Werk *Hand und Persönlichkeit* der Marianne Raschig den Abschnitt über Marlene Dietrichs Hand gelesen. »Sie besitzt viele Zeichen und eine Überfülle von Linien. Der Venusberg mit seiner interessanten Linienführung zeigt viele schmale Leitern, die wie Strickleitern aussehen; die Kopflinie fällt stark zum Lunaberg ab, Depressionen und trübe Stimmungen anzeigend, die zum Glück nicht ihren Widerhall in einem geschlossenen Saturnring finden. Der Saturnring in dieser Hand ist offen ...« Nach alldem ist noch viel Geheimnis über diesem Leben. Nur eins ist deutlich: »Die Kunstlinie ist ein geradezu überraschendes Gebilde von Schönheit, Wucht und Eindrucksfähigkeit. Wie ein Feldherrnstab, der an seiner Spitze einen Schellenbaum trägt, mutet diese Kunstlinie von seltener Pracht an«. Das bestätigen die wenigen Worte, die sie mir von ihrem Verhältnis zur Kunst sagt, von denen das merkwürdigste ist, daß sie auf das »Schöne« immer am liebsten mit einer Tat reagieren möchte.

Aus *Morocco*, 1930. Photo Eugene Robert Richee

Marlene Dietrich mit ihrer Tochter Maria, 1930

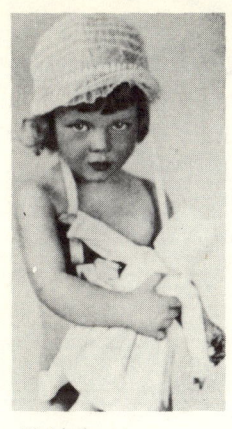
»Heidede«

Während das Kind nach seinen Spielsachen griff, sagte sie: »Wenn Sie es für richtig halten, den Leuten etwas von meinem persönlichen Leben zu erzählen, so sagen Sie bitte, das da« – sie zeigte auf das Kind – »ist die Hauptsache, ist der Lebensinhalt.«

Danach habe ich sie nur noch nach einem Erlebnis gefragt, nach dem des Ruhmes. »Eigentlich erlebe ich meinen Ruhm gar nicht richtig«, sagte sie. »Als in Berlin Premiere des Blauen Engels war, trat ich meine Reise nach Amerika an. An dem Tag, als ich von New York abfuhr, war wieder, genau wie damals, Premiere des Blauen Engels. Die von Marokko habe ich allerdings miterlebt, dankbar und erschrocken. Wenn es aber jetzt hier gegeben werden wird, werde ich vielleicht schon wieder unterwegs nach Hollywood sein. Als die Aeroplane mit meinem Namen in Riesenlettern über mir herflogen, war mir beklommen zumut. Na ja, ich muß wohl zufrieden sein, die Arbeit war immer spannend und hat mich manchmal glücklich gemacht, aber der Ruhm hat wohl mit Glück nicht viel zu tun, und – die Sehnsucht hört nicht auf.«

Und dann hat sie mir auf dem Grammophon ein neues Lied vorgespielt, das Friedrich Hollaender für sie gedichtet und vertont hat. Es wird jetzt schon von andern gesungen, aber eigentlich ist es ihr Lied. Es fängt an:

Wenn ich mir was wünschen dürfte,
käm ich in Verlegenheit.

Das Wort Verlegenheit sang die Marlenenstimme im Grammophon mit einem kurzen *ö* statt des *er*, hübsch berlinisch – oh, kaum zu merken, eine ganz leise Nuance –, und ebenso summte die lebendige Stimme mit.

Und weiter sang das Lied von dem Heimweh nach der Traurigkeit mitten im Glück. Da stand sie, die große Wunscherfüllerin, der Traum der Tausende, den Kopf seitlich geneigt zu ihrem Echo im Kasten, und hatte einen Ausdruck von Melancholie und Einsamkeit im Gesicht, aus dem die Dichter, Musiker und Filmregisseure noch viel Neues zu lernen und zu schaffen haben werden.

Manfred Flügge · Sternstunde
Anmerkungen zu Franz Hessels Porträt der Marlene Dietrich

Dies ist ein seltenes Buch, das eines glücklichen Augenblicks und somit auch ein Buch vom Glück. Es ist eines der ersten Portraits von Marlene Dietrich, geschrieben und publiziert 1931, als ihr Weltruhm noch ganz jung ist, als ihre Laufbahn und ihr Lebensweg die entscheidende Wendung nehmen; aber in dem alles, was man über die Filmschauspielerin und die »Diseuse« sagen kann, schon gesagt ist.

Es ist das Buch eines Augenblicks. Nach ihren beiden ersten amerikanischen Filmen (*Morocco* und *Dishonored*) ist Marlene Dietrich von Januar bis Mai 1931 wieder in Berlin. Vermutlich im Februar – siehe den Hinweis auf die Eisbahn – empfängt sie Franz Hessel, der für den Berliner Verlag Kindt & Bucher einen kleinen Band über sie vorbereitet.

1931 ist die Welt fast noch in Ordnung. Die politische Krise ist noch nicht zur Bedrohung geworden. Marlene Dietrich ist mit einem Bein schon in Hollywood, mit der Seele noch in Berlin. Sie wird vom Erfolg verwöhnt und ist doch Mensch und noch nicht Mythos.

Ein Jahr später kommt sie erneut nach Berlin, aber da ist schon viel Schatten über ihr: Kidnapper hatten gedroht, ihre Tochter zu entführen; in Deutschland sind die Nationalsozialisten, die sie verachtet, zur stärksten Fraktion im Reichstag geworden; deren Gesinnungsgenossen in Österreich gehen gegen ihren Film *Dishonored* vor wie zuvor Goebbels' Nazis in Berlin gegen den Remarque-Film *Im Westen nichts Neues*. Wenige Monate später trifft sie Freunde und Kollegen aus Berlin in Hollywood oder in Paris – als Emigranten. Erst im August 1945 wird sie wieder in

ihre Heimatstadt kommen und singen, »in the ruins of Berlin«. 1931 ist vielleicht das ungetrübteste Jahr in dieser Laufbahn, und auch ihr Porträtist hat eine gute Zeit, die letzte gute, die er erleben sollte.
Franz Hessel – Marlene Dietrich, ist das nicht fast eine so passend-unpassende Zusammenstellung wie Professor Unrat und die fesche Lola? Bei aller Unvergleichlichkeit, es gibt heimliche Parallelen in beider Leben, zum Beispiel ihre Beziehung zu den Städten Berlin und Paris.

Mit dem Kino hatte Franz Hessel wenig zu tun. Seinen Beitrag zur Filmgeschichte hat er in biographischer Form erbracht, als »Stoff«. Die deutsch-französische Dreiecksgeschichte, die unter dem Titel *Jules et Jim* zu einem Film (1962) Truffauts wurde, hat er durchlebt, als seine Frau Helen eine gefährliche Liaison mit seinem besten französischen Freund, dem Schriftsteller, Journalisten und Kunsthändler Henri-Pierre Roché begann.
Franz Hessel, 1880 in Stettin geboren, verbrachte Kindheit und Schulzeit in Berlin. Von 1903 bis 1906 lebte er in der Münchener Bohème, zeitweilig in konfliktvoller Gemeinschaft mit der legendären Franziska zu Reventlow. Seine ersten literarischen Versuche in dieser Zeit sammelt ein Gedichtband, *Verlorene Gespielen*, der immerhin bei S. Fischer erscheint.
1906 flüchtet er nach Paris, das ihn nicht mehr losgelassen hat. Dort gehört er bald zu dem Kreis deutscher Maler und Schriftsteller, der sich im Café du Dôme am Boulevard du Montparnasse trifft. In Paris wird er zum Prosa-Autor, mit einem Novellenband (*Laura Wunderl*, 1908) und dem autobiographischen Roman seiner Jugend *Kramladen des Glücks* (1913).
1913 heiratet er die Malerin und nachmalige Modejournalistin Helen Grund, Nachbarskind aus dem Alten Westen Berlins.
Mit Kriegsausbruch im August 1914 gelten alle Paris-Deutschen als »feindliche Ausländer« und werden aus dem Paradies an der Seine verwiesen. (In dieser Zeit hat die Schülerin Marlene

Dietrich in Schöneberg schon ihre Liebe zur französischen Sprache entdeckt, was sie gegen jede Form von Hurra-Patriotismus immunisiert.)

Nach dem Krieg setzt Franz Hessel sein literarisches Leben in Berlin fort, als Autor, Übersetzer und Lektor im Verlag von Ernst Rowohlt. (»Franz Hessel, Dichter, Heiliger und Lektor« schwärmt die Lyrikerin Mascha Kaléko von ihrem »Schutzpatron« und Mentor.) Nach Paris kommt er jetzt nur noch zu Arbeitsbesuchen, so, für einige Monate, 1926/27, als er sich mit seinem Freund Walter Benjamin an das gewaltige Vorhaben einer Proust-Übersetzung wagt. (Literarischer Niederschlag dieses Aufenthalts ist das Pariser Tagebuch in *Nachfeier*, 1929.)
In dem kleinen Band über Marlene Dietrich hält Franz Hessel ihr erstes Bild fest – und es ist erstaunlich, wie sehr das, was er sagt, auch für ihre späteren Rollen und Gestalten zutrifft. Die erste Analyse ist gleich eine sehr treffende, eine sehr anschauliche Darstellung, die ganz im Stil von Hessels Feuilletons geschrieben ist, in jener nachdenklichen und empfindsamen Ich-Form, die seinen eigenen Ton ausmacht. »Es ist eine Art Mannesschwäche in diesem Mann, etwas fast Weibliches . . . Stellen, die fast von einer Frau geschrieben sein könnten«, hat Kurt Tucholsky bewundernd über diesen Stil geschrieben.
Feuilleton, ein ungeliebtes Wort, aber ein wichtiges und eigenständiges Genre in jenen Jahren der Weimarer Republik. Man sollte eher von »kleiner literarischer Form« reden. Franz Hessel ist ein Meister der kleinen Prosa, und als solcher gehört er zu jenen Schriftstellern, die Gert Ueding als »die anderen Klassiker« bezeichnet hat. Jede Seite aus seinen Bänden *Teigwaren leicht gefärbt* oder *Spazieren in Berlin* belegt dies. Was wir da lesen, sind vollendete Stücke, klassische Prosa; und mehr als eine wehmütige Erinnerung an das, was Berlin war, was es hätte sein können und dann nicht mehr sein wollte und vielleicht nie wieder sein wird.

Nein, Hessel ist nicht Professor Unrat. Er weiß zu gut, *daß man nicht besitzen kann*. Man kann nur schauen. Der verstehende Blick, der lesende Blick, der einfühlende Blick – *der erste Blick* auf eine Stadt oder auf einen Menschen, das ist Hessels Methode und sein Schreibstil. Der Sehende, das ist das Gegenteil vom Voyeur. *Nur was uns anschaut, sehen wir,* die Menschen und die Dinge auf sich wirken lassen, gelten lassen, das ist Hessels Methode. Weltoffene Anschauung ohne Einstellung, die den Blick verengt. *Einstellung ist gräßlich, Stelldichein ist entzückend,* hat er einmal geschrieben.

Hessel zitiert Goethe, aus dem *Westöstlichen Divan*, und gibt seine eigene Ästhetik zu erkennen (weshalb das Zitat hier wiederholt werden soll): »Mit den Augen fängst du an zu kosten. Schon der Anblick sättigt ganz und gar.«

Und doch gehören beide Namen zusammen: der der Diva, des Weltstars, der Frau von Welt, der Frau der vielen Rollen mit dem einen Gesicht, das zur Ikone wurde; und der des unscheinbaren Betrachters und Besuchers, der besser versteht als andere, des Diskreten, des Einfühlsamen, des Freundes.

Und in der Tat ist dieses Büchlein auch so etwas wie ein Freundschaftsdienst: Hessel nimmt »die Dietrich« – wie sie ja schon genannt wird – unausgesprochen in Schutz gegen den grämlichen Hochmut seiner intellektuellen Standesgenossen. Das war 1931 durchaus nötig. *Ruhm* stand bei manchem deutschen Kritiker unter Verdacht, amerikanisches Reklame-Produkt zu sein oder Sache eines dumpfen Provinzialismus, Reflex von Stammtischbegierden, suspekter literarischer Effekt. (Den Ton gab der künstlerisch und politisch sonst so sensible Siegfried Kracauer schon 1930 in der Neuen Rundschau an: »Bilder verlogener Innerlichkeit«, und in der Frankfurter Zeitung »lächelt Marlene Dietrich in einem fort ein unergründliches Mona-Lilly-Lächeln und ringt die Hände, statt ihre Beine zu zeigen.«)

Josef von Sternberg mit Marlene Dietrich und Emil Jannings
bei den Dreharbeiten zum *Blauen Engel*, Ende 1929

Aus *Der Blaue Engel*. Photo Mario von Bukovich, 1930

Hessels wunderschöner und immer noch gültiger Analyse der Schauspielerin, ihrer Mittel und ihrer Wirkung folgt eine kurze Darstellung ihrer Theater- und Filmlaufbahn bis zum Durchbruch mit dem *Blauen Engel.* Am Schluß findet sich die originellste Note des Textes: ein Besuch bei dem Star, der als Mensch und Mutter gezeigt wird. Das ist eine wunderschöne Szene in der Hesselschen Manier, wie sie auch in seinen Romanen stehen könnte. Hier wird das künstliche Spiel im Scheinwerferlicht auf seine ursprünglichste Form zurückgeführt: das Kinderspiel. Kindertümlichkeit prägt Hessels Stil, eine gespielte und doch entwaffnende Naivität. Dieses Mittel wirkt auch bei seinem Portrait des »Berliner Kindes« Marlene Dietrich.

Hessel bleibt bei seinem Lebensstil und seiner Weltsicht, als er der ehernen und blutigen Zeit, die nun anbrechen sollte, sein letztes in Deutschland erschienenes Buch entgegensetzte, mit dem 1933 provozierenden Titel *Ermunterungen zum Genuß.*
Marlenes Leben spielt zwischen Berlin, Hollywood, Paris; Hessels Leben zwischen Berlin, München, Paris. Er war immer da, wo die moderne Kunst geschah – München 1903, Paris 1906, Berlin 1921 – aber immer am Rande der »Szene«. Er war ein teilnehmender Außenseiter. Vom Schattenrand her blickte der Flaneur und Begleiter auf die große Welt.
Stadtmenschen waren beide, Marlene Dietrich wie Franz Hessel. Die Liebe zu dem, was Berlin nicht sein konnte, übertrugen sie auf Paris. Paris war gewiß für beide Fluchtpunkt und Fixpunkt aller Träume und Sehnsüchte. Paris – *Heimat der Fremden*, wie Hessel es genannt hat, eine Stadt, die das schwebende und belebende Gleichgewicht zwischen Vertrautheit und Fremde schafft, das zum Leben in der Kunst und für die Kunst gehört. Noch in ihrer Freundschaft zu Jean Gabin in Hollywood 1942 weiß Marlene Dietrich eine Art Herzensparis zu errichten.

Was aus Marlene Dietrich nach 1931 wurde, ist bekannt und braucht hier nicht wiederholt zu werden, ihre unzweideutige Ablehnung des »Dritten Reichs«, ihr Leben zwischen Hollywood und Paris bis 1939, ihre Einbürgerung in den USA, ihr Einsatz hinter den amerikanischen Frontlinien im Zweiten Weltkrieg, schließlich der für Berlin so blamable und erschreckende Auftritt im Mai 1960, die Parolen (»Marlene hau ab«) der demonstrierenden heutigen Ewiggestrigen vor dem Titania-Palast. Am 16. Mai 1992 ist Marlene Dietrich dennoch in Berlin beerdigt worden, aber diese Stadt müßte sie erst wieder verdienen.

Und Franz Hessel? Als Jude hatte er seit 1933 Publikationsverbot. Der Rowohlt-Verlag hielt ihn trotz der Drohungen der Reichsschrifttumskammer bis 1938 als Lektor und Übersetzer. Dann ging auch Franz Hessel ins Exil, nach Paris. 1940, als die deutsche Wehrmacht Frankreich überrannte, wurde er, wie viele deutsche und österreichische Emigranten, vorübergehend als »feindlicher Ausländer« interniert, im Lager Les Milles. In dieser Zeit entstand sein letzter Text, ein autobiographisches Erzählfragment über seine Flucht aus Berlin, viel später erst, 1989, unter dem Titel *Letzte Heimkehr nach Paris* veröffentlicht. Am 4. Januar 1941 ist Franz Hessel in dem Hafenstädtchen Sanary-sur-Mer, der »heimlichen Hauptstadt der deutschen Exilliteratur«, an der Côte d'Azur gestorben. Das Grab blieb nicht erhalten.

Nach dem Krieg war er als Autor so gut wie vergessen, im Lauf der achtziger Jahre erst hat er allmählich seinen Platz in der deutschen Literatur wiederbekommen, als

> Der mutigen, aufrechten Haltung der deutschen Künstlerin
>
> **Marlene Dietrich**
>
> gegenüber Nazi-Deutschland
>
> gedenkt die
>
> **Jüdische Gruppe, Berlin**

Anzeige im Berliner *Tagesspiegel* 16. Mai 1992

Romancier, als Meister der kleinen Prosa und als einer der wichtigsten Berlin-Autoren.

Auch sein Porträt von Marlene Dietrich ist ein »Berlin-Text«. In wenigen Strichen entwirft Hessel das Bild einer Berliner Kindheit; an ihrer Persönlichkeit und ihrer Diktion zeigt er das Berlinische, das durch sie weltweite Anerkennung gefunden hat. Und wenn er ihr archaisches Lächeln hervorhebt, so merken Kenner von Hessel und von *Jules et Jim* sogleich auf.

Der Zauber des Traums liegt über diesem Text, ein gelöster Zauber, ohne Schwermut. Lesen wir dieses kleine Portrait noch einmal und genießen wir seine heitere Gelassenheit, seine unaufdringliche Genauigkeit, seine Menschlichkeit und Wärme. Es hält, fernab vom Glamour des Stars, eine Sternstunde fest, über die Abgründe der Zeit und des Unheils hinweg.

Wer Berlin liebt, wer Marlene liebt, wer Franz Hessel liebt (oder lieben lernt), der wird auch diesen Text lieben, in dem der Anfang noch einmal lebendig wird – ein Text zum Nachdenken und zum Träumen, zum Erinnern und zum Hoffen.

Editorische Notiz

Franz Hessels Text erschien 1931 im Verlag Kindt & Bucher in Berlin. Die 40 Photographien der Erstausgabe konnten aus technischen oder rechtlichen Gründen nur zum Teil in die Neuausgabe aufgenommen werden.

Abbildungen. Als Frontispiz wurde eine Aufnahme von Eugene Robert Richee, 1930 aus *Morocco,* verwendet. Diese sowie die Photographien auf den Seiten 11, 12, 23, 24, 29, 30, 33, 39 und 40 stellte freundlicherweise die Deutsche Kinemathek Berlin zur Verfügung; die Abbildungen im Text stammen aus dem Archiv des Verlags. – B. F. Dolbins Zeichnungen von Marlene Dietrich und Franz Hessel, beide Anfang der dreißiger Jahre entstanden, verwenden wir mit freundlicher Erlaubnis von Will Schaber, New York.

Der Klappentext von Martina Düttmann und das Nachwort von Manfred Flügge wurden für die vorliegende Ausgabe geschrieben.

CIP-Einheitsaufnahme der Deutschen Bibliothek

Hessel, Franz:
Marlene Dietrich : ein Porträt / Franz Hessel.
Mit vielen zeitgenössischen Bildern und einem
Nachw. von Manfred Flügge. – 1. – 5. Tsd. –
Berlin : Verl. Das Arsenal, 1992
    ISBN 3-921810-84-1

Alle Rechte vorbehalten. © 1992 by Das Arsenal. Verlag
für Kultur und Politik GmbH, Tegeler Weg 5, Berlin 10

Satz FotosatzWerkstatt Tempelhofer Ufer 21 GmbH, Berlin 61
Lithos Graphisches Atelier Manfred R. Spönemann, Berlin 61
Druck Fuldaer Verlagsanstalt, Fulda

Inhalt

Ein Porträt der Künstlerin als junge Frau   7
Sternstunde. Nachwort von Manfred Flügge   35
Editorische Notiz   44

Franz Hessels »kleine Prosawerke«

Nachfeier
»Feuilletons und Geschichten«
Neuausgabe des Werks von 1929
128 Seiten, DM 19,80
ISBN 3-921810-42-6
Zentraler Text ist das *Pariser Tagebuch*: »Sollte ich ... wegfahren von dieser Stadt, in der ich das Neue doch nicht sehe, in der ich nicht erkenne, immer nur wiedererkenne; weggehn, um mein Heimweh nach dieser Fremde besser zu genießen?«

Ermunterungen zum Genuß
114 Seiten, DM 16,80
ISBN 3-921810-41-8
Hessels letztes Buch erschien 1933, war schon im Titel eine Provokation und blieb das unbekannteste. Jetzt liegt das bedeutendste Werk seiner kleinen Prosa, das literarische Dokument der *ambulanten Nachdenklichkeit* des Flaneurs, erstmals in einer vollständigen Neuausgabe vor.

Teigwaren leicht gefärbt
Neuausgabe des Werks von 1926; mit einer »Vorstellung« von Walter Benjamin und sieben Zeichnungen von Rudolf Schlichter
112 Seiten, DM 16,80
ISBN 3-921810-40-X
»Ganz abgesehen davon, daß ich neidisch auf den Titel bin: es stehen so bezaubernd leichte Dingelchen in dem Buch, so hingehaucht, wirkliche Soufflés«, schrieb Kurt Tucholsky.

Ein Flaneur in Berlin
Neuausgabe von »Spazieren in Berlin« (1929)
Mit 30 Fotografien von Friedrich Seidenstücker und Walter Benjamins Essay über die »Wiederkehr des Flaneurs« Hessel
284 Seiten, DM 29,80
ISBN 3-921810-39-9

Letzte Heimkehr nach Paris
Franz Hessel und die Seinen im Exil
Unveröffentlichte Texten von Franz Hessel, Helen Hessel, Ulrich und Stéphane Hessel, Wilhelm Speyer
Herausgegeben von Manfred Flügge
180 Seiten, mit vielen zeitgenössischen Abbildungen, DM 26,80
ISBN 3-921810-43-4
Mittelpunkt dieser Lebenszeugnisse ist ein erst 1988 aufgefundenes autobiographisches Erzählfragment, Hessels letzter, im Internierungslager Les Milles entstandener Text: eine literarische Momentaufnahme aus dem Jahr 1938, als er aus Berlin flieht und nach Paris zurückkehrt – nun als Emigrant, der sich an seine Geschichte zwischen diesen beiden Lebenspolen erinnert.

Alle Bände in Englischer Broschur. Erhältlich in jeder guten Buchhandlung.

im Verlag Das Arsenal in Berlin